BIBLIOGRAPHIE

NORMANDE

PAR

Hippolyte SAUVAGE

Avocat et ancien Juge de paix, Officier d'Académie.

12

ALENÇON

TYPOGRAPHIE E. RENAUT-DE BROISE

Place d'Armes, 5.

—

1882

Alençon. — E. Renaut-de Broise, Imprimeur et Lithographe.

BIBLIOGRAPHIE

NORMANDE

PAR

HIPPOLYTE SAUVAGE

Avocat et ancien Juge de Paix, Officier d'Académie.

Depuis un demi-siècle, une société historique et archéologique eût dû exister dans le département de l'Orne. Pour arriver en retard, celle qui vient de s'y former n'en sera pas moins bien accueillie des savants de la Normandie, et sa première livraison périodique de ses mémoires lui assure d'ores et déjà un rang fort distingué au milieu de celles qui l'ont dévancée : aucune, croyons-nous, n'a jamais eu des débuts plus brillants.

Nous voudrions être des premiers à souhaiter la bienvenue à la Société Ornaise ; nous suivrons donc notre première impulsion — n'est-elle pas toujours la meilleure ? — et nous dirons librement, spontanément tout le bien que nous pensons de son premier fascicule qui vient de nous parvenir.

C'est avec une autorité toute magistrale que M. de La Sicotière, sénateur et ancien directeur de la Société des Antiquaires de Normandie, expose dans un résumé rapide, ou plutôt dans un éloquent discours, modèle du genre, et sous forme d'introduction, l'état actuel des études historiques dans le département.

Lorsqu'on a, comme lui, porté son pays au premier rang, par une aussi splendide publication que celle de l'*Orne archéologique et pittoresque*, on a tous les droits pour se faire écouter.

Les collaborateurs réunis autour de lui n'auront dès lors qu'à suivre les conseils et la direction du maître, passionné pour tout ce qui touche au pays d'Alençon, où son nom sera toujours respecté.

Son œuvre est considérable, mais il veut bien le dire lui-même, avec modestie, il y a encore beaucoup à faire : il indique ainsi à l'initiative des hommes de bonne volonté qui l'entourent les glanes nombreuses qu'il a pu laisser dans le champ des investigations, et il nous répète à tous avec le grand et inimitable La Fontaine,

C'est le fonds qui manque le moins.

Rarement nous avons vu un plan d'études locales tracé avec autant de rectitude, de vérité, et nous dirons même de *brio*, pour nous servir d'une expression moderne qui a son cachet propre. Ce discours est une page toute académique du plus brillant éclat.

—

Les mémoires de la Société débutent par un portrait de la baronne de Lougé, de l'illustre famille des d'Harcourt. Avec cette femme, qui fut malheureuse évidemment, soit par la tyrannie et le caractère de ceux qui l'entouraient, soit par la bizarrerie de son éducation personnelle, et nous dirions presque taillée sur le modèle de quelques dames romaines de l'antiquité, ou par sa passion de viser à l'originalité, nous avons une étude fort distinguée, fort étudiée des mœurs du XVIIe siècle, que l'on a beaucoup approfondi déjà, mais dont on est encore loin de connaître tous les secrets.

M. le comte de Contades nous en a divulgué quelques-uns. Sachons lui gré de s'être identifié au savoir-faire d'un légiste consommé, pour étudier les faits d'un bruyant procès, dont il a dépouillé pour nous le dossier volumineux, avec une patience toute exceptionnelle.

La baronne de Lougé, disons-le dès maintenant, sans chercher à se rendre sympathique par les larmes ou par les moyens naturels de son sexe, imita au surplus bon nombre de femmes de son temps.

Un très-judicieux écrivain n'a-t-il pas fait remarquer qu'il y a eu dans chaque époque, et presque dans chaque siècle, un certain type à la mode, un certain fantôme romanesque qui occupe les imaginations féminines surtout, et qui court en quelque sorte sur les nuages?

A la fin de Louis XIII et au commencement de

Louis XIV, ce type, ce modèle s'était principalement formé d'après les héros et les héroïnes de Corneille, et aussi d'après ceux de Mlle de Scudéri.

Mademoiselle de Montpensier, *la grande Mademoiselle*, personne d'imagination, de fantaisie et d'humeur, mais de peu de jugement, réalisa beaucoup ce type en elle : elle y ajouta, aussi bien que ses bonnes amies, Mesdames de Fiesque et de Frontenac, tout ce qui était propre aux préjugés de sa race et aux superstitions de sa naissance. Cela fit un composé des plus bizarres, des plus glorieux, des moins raisonnables, et dont toute sa destinée se ressentit.

Catherine d'Harcourt, baronne de Lougé, peut lui être comparée en quelque sorte sur plusieurs points, et nous croyons qu'elle ne lui céda en rien quant au caractère de sa revêche personnalité. Toutes les deux eurent du moins, à quelques années d'intervalle, ce même point de contact de se faire *hommes de guerre*, d'endosser le hoqueton, de commander à leurs soldats le coup de fusil et de faire parler la poudre.

Tous les historiens nous ont appris que Mlle de Montpensier, maîtresse de la Bastille, mit elle-même le feu à la première pièce de canon de la forteresse et qu'elle lança le boulet contre Paris et contre la royauté.

Le cardinal Mazarin, en apprenant cet audacieux exploit, s'écria : « *Mademoiselle vient de tuer son mari.* »

En effet, un mariage était sur le point d'être conclu entre le roi Louis XIV et l'héroïne de la Fronde. Il ne pouvait plus dès lors être question de mariage : jamais on n'emporta les cœurs à coups de mitraille.

Eh bien ! c'est aussi avec son propre mari que la baronne de Lougé, dont son biographe, M. de Contades, nous rapporte les exploits guerriers, eut également maille à partir. Mariée à Jean d'Erneville, seigneur de Gauville et de la Chèze, gentilhomme de notre Basse-Normandie, elle se fit bien tôt *démarier* d'avec lui. Seulement, le mari qui ne tenait sans doute guère à la femme acariâtre, romanesque, digne en tout point de traîner le sabre d'un dragon, et de la perte de laquelle il lui était facile de se consoler, dut au moins regretter son immense fortune, les fiefs et les seigneuries qu'elle tenait d'héritage de la riche famille des d'Harcourt. D'Erneville vint donc l'assiéger dans son château. Mais la dame de Lougé n'était point de taille à se laisser déconcerter pour si peu.

D'avance, et prévoyante des événements, elle avait entouré son manoir de fortifications. La violence provoque la violence. A l'approche de l'ennemi, de Jean d'Erneville, de son mari, elle n'eut qu'à lever son pont-levis et qu'à armer ses défenseurs. Elle en donna elle-même l'ordre, et l'assaut fut vaillamment soutenu par la virago.

Bientôt, et au bout de quelques jours, l'agresseur découragé dut s'éloigner à la fois de l'imprenable forteresse et de l'indomptable femme qui n'eût pas mieux demandé que de *tuer son mari*, selon l'expression du cardinal, à armes égales et dans le cas de légitime défense : c'eût été de bonne guerre et de bon aloi.

Mais les assaillants pouvaient bien revenir à l'assaut; la baronne n'osait dormir tranquille désormais. Aussi s'entoura-t-elle de toutes les précautions désirables pour n'être pas prise à l'improviste dans l'avenir. Prévenue d'ailleurs que son mari devait venir l'enlever de vive force et l'emmener ailleurs dans un *carrosse cadenassé*, elle n'hésita pas à prendre les plus minutieuses mesures; c'était son droit et même son devoir le plus impérieux. Provisions de toute espèce, provisions de bouche surtout, afin d'éviter la famine d'un siége qui pouvait être long et régulier, grains, denrées et jusqu'à quinze ou seize tonneaux de cidre et de poiré, arrivèrent en abondance et furent entassés dans le château-fort. Enfin quarante armes à feu, tant mousquets, que carabines, qu'arquebuses et que pistolets, du plomb, des balles et un baril de poudre à canon, lui composèrent un arsenal et un considérable matériel de défense, sur lequel on pouvait compter pour obtenir le respect par le sort des armes.

Cette fois, ce ne fut plus le sire d'Erneville qui se présenta pour combattre. Il avait une première fois reconnu qu'il avait affaire à trop farouche joûteur et à forte partie : il délégua ses amis pour faire la besogne. Mais la baronne de Lougé, dès l'aube du jour, s'était dérobée. Elle s'était enfuie vers Rouen, et elle courait en ce moment les chemins sur une blanche haquenée, afin de réclamer la sauvegarde et justice du Parlement et la force due à la femme démariée contre les entreprises du tyran. Elle n'en revint que longtemps après pour constater, hélas! qu'à Lougé tout avait été livré au plus complet pillage.

Surpris par violence, rien n'y avait été respecté. Les archers qui s'étaient installés, comme à perpétuelle demeure, dans la forteresse, s'y étaient gorgés pendant cinq longs mois de toutes les provisions amoncelées par la châtelaine dans un autre but. Les tonneaux de liquide avaient été successivement mis en perce, les conserves consommées jusqu'à complet épuisement.

Mais le plus curieux de tous, est peut-être ce fait inouï que l'arsenal de la baronne de Lougé servit aux fêtes de la Saint-Jean et que la poudre à feu, approvisionnée par elle, fut brûlée à son intention en bruyants pétards et en fusées étincelantes. Non contents de cela, les archers s'ingénièrent à confectionner, à l'aide des parchemins et des papiers du chartrier, deux figures dont l'une devait simuler une *demoiselle*, la dame de Lougé naturellement, et l'autre un *cocodrille ou dragon*. Ces pièces d'artifices, hissées sur les remparts, bourrées de pétards, de fusées et d'une quantité considérable de poudre à canon, éclatèrent suivant le programme concerté d'avance, par un vacarme épouvantable et aux acclamations bruyantes et aux rires de milliers de badauds accourus aux pieds des remparts pour jouir du spectacle et du feu de joie. La dame de Lougé avait eu les insignes honneurs d'un véritable auto-da-fé. Jamais la contrée n'avait assisté à pareille fête.

Tels sont les éléments de la curieuse et très-intéressante étude que M. de Contades a su reconstituer sur cette héroïne inconnue d'autrefois. On croirait en la parcourant, dérouler les pages d'une histoire merveilleuse, inventée à plaisir par nos plus féconds feuilletonistes, tant la vie accidentée de Catherine-Angélique d'Harcourt ressemble à celle des femmes les plus romanesques que nous connaissions. Seulement, encore une fois, nous le répétons, l'auteur n'a rien inventé. Il n'a su que se faire le séduisant narrateur des circonstances signalées dans le procès intenté devant le Parlement de Rouen, révélées par les témoins nombreux et véridiques d'une longue et minutieuse enquête procédurière et auxquelles il s'est borné à donner tout l'attrait et tout le charme d'un style élégant et correct. Sa narration est limpide. Elle fait complètement oublier que les sources qui ont fourni son sujet à M. de Contades sont des papiers timbrés, c'est-à-dire tout ce qu'il y a de moins susceptible de prêter au romantisme ou à la fable : il ne nous a laissé voir que les fleurs et les roses en dissimulant les épines qu'il a fait habilement disparaître.

Lorsque « *tout fut perdu, fors l'honneur* », selon

le mot heureux et traditionnel que l'Histoire, ce dernier courtisan des Rois, a prêté au prisonnier de Pavie, il fallut payer sa rançon. Ce n'était point assez, pour le chevaleresque François Ier, d'avoir rendu son épée au vice-roi de Naples ; pour racheter ses fils livrés en otage, il fallait deux millions d'écus d'or.

Charles-Quint savait bien que tout n'était pas perdu, il ne s'exagéra pas son succès : il sentit que la France restait entière et forte, malgré la perte d'une armée. Il ne songea qu'à tirer de son prisonnier un traité avantageux : des monceaux d'argent et un double mariage avec la famille du vainqueur, furent les clauses du traité de Madrid. De toutes parts, en France, l'on s'occupa donc de la répartition équitable de ces dures conditions financières.

Peu de nos villes Normandes, nous dit M. Louis Duval, dans son savant mémoire, durent ressentir plus fortement que celle d'Alençon, le contre-coup du désastre de Pavie.

La châtelaine d'Alençon, Marguerite d'Angoulême, la propre sœur de François Ier, y fut atteinte dans ses plus chères affections : son mari, Charles IV, duc d'Alençon, auquel était incombé le périlleux devoir de sauver les derniers débris de l'armée Française, mourait bientôt à son retour en France, accablé sous le poids des fatigues, de la douleur et du désespoir. Peu après, sa veuve, désignée par la Régente, pour aller en Espagne activer les négociations relatives à la délivrance du Roi, malgré son deuil et accompagnée d'Aimée de La Fayette, dame de Lonrai, s'embarquait pour Barcelone et se rendait à Madrid.

Sous l'impulsion de ce cœur aimant et de ce dévouement absolu, qui paya d'exemple, les habitants d'Alençon se virent taxer à une imposition de mille livres, qu'ils acceptèrent avec la dignité calme qui caractérise les âmes impressionnées profondément par les revers de la Patrie. Plusieurs notables, en l'Assemblée générale qui eut lieu au Palais d'Alençon, le 7 décembre 1529, sous la présidence de René d'Amilly, lieutenant-général du bailly, offrirent même l'avance d'une grande partie de la somme demandée.

C'est la délibération prise à ce sujet, dans ces circonstances douloureuses, qui reportent, malgré nous, nos souvenirs vers les jours les plus sombres de notre histoire nationale, qui a servi de point de départ à M. Duval pour son travail, rempli du plus puissant intérêt. La méthode en est irréprochable. La délibération retrouvée dans les registres du tabellionnage d'Alençon est donnée dans toute sa pureté. Elle est entière, complète et parfaitement rétablie d'après un texte qui doit présenter de sérieuses difficultés. Le préambule qui la précède est une page d'histoire puisée aux sources les plus accréditées de nos archives nationales, et de nos chroniques les plus véridiques. Conçu avec mesure, on en peut dire qu'il ne contient rien de trop, ni rien de trop peu.

M. Duval appartient à la bonne école, qui respecte les saines traditions et qui suit les bons modèles. Par notre temps d'investigations, on veut connaître les textes eux-mêmes, tels qu'ils sont, dans leur fidélité, avec leurs forces et leurs faiblesses. L'auteur en fait ensuite ressortir l'importance, et ses critiques judicieuses revêtent souvent le charme de la nouveauté et de l'imprévu. Enfin, des annotations nombreuses ajoutées au texte de la délibération de 1529, rétablissent et reconstituent l'identité de la plupart des personnages dont les noms y figurent et parmi lesquels beaucoup rappellent quelques souvenirs, bien qu'un grand nombre des familles qu'ils représentent soient aujourd'hui inconnues. Cette revue des principaux habitants d'Alençon, aux premières années du XVIe siècle, fournit à l'écrivain l'occasion de rassembler autour de leurs noms quelques-uns des traits individuels dont l'ensemble caractérise la physionomie des ancêtres oubliés de nos contemporains. Avec la modestie qui le distingue et qui est son apanage, M. Duval a voulu reporter sur l'un de ses collaborateurs les plus assidus le mérite de ces notes, dans lesquelles la plume de l'habile historien se reconnait toujours.

Un manuscrit du XIe siècle, conservé précieusement à la bibliothèque d'Alençon, a fait l'objet d'une excellente communication de M. l'abbé Rombault. Sous le titre d'homélies, il fut transcrit sans doute dans le monastère de Saint-Evroul-d'Ouche, mais avec la simplicité des religieux qui ont renoncé au monde pour ne plus posséder rien, pas même le vêtement qu'ils pouvaient revêtir, l'auteur de ces sermons, ou plutôt de ces dissertations, a voulu vivre et rester ignoré, inconnu pour tous, reportant ainsi à Dieu seul l'honneur d'avoir pu enseigner et convaincre ses frères, et ceux auxquels il fit entendre la bonne parole et inspirer la foi chrétienne. Il n'avait donc point, par humilité, voulu inscrire son nom sur son œuvre. Cependant la tradition avait conservé dans les monastères le nom du vénérable religieux Guillaume du Merle, qui se fit remarquer surtout au milieu de ses contemporains, par le talent *qu'il avait de s'énoncer avec grâce*. Au dire d'Ordéric Vital, il fut un prédicateur plein d'éloquence et d'honnêteté.

A n'en pas douter et convaincus par M. Rombault, le livre des homélies Alençonnaises lui appartient bien. Il peut servir de spécimen des rares discours de la chaire sacrée de cette époque très-reculée ; c'est donc une bonne fortune d'avoir pu restituer à ce manuscrit son acte de naissance.

La famille du Merle, si nous ne nous trompons point, occupait l'un des premiers rangs auprès de nos ducs Normands. Elle a donné à la France des guerriers de la plus grande distinction et qui sont parvenus aux plus hautes dignités militaires ; aujourd'hui, elle peut revendiquer une illustration de plus, un éloquent orateur.

En prêtant ainsi leurs feuillets à la restauration

du nom d'un religieux de mérite, les mémoires de l'académie rendent un juste hommage à qui il est dû. Mais nous lui dirons avec simplicité : prenez garde ! Car si vous aimez à mettre Guillaume du Merle au nombre de nos hommes distingués, sa propre modestie l'eût porté à refuser cet insigne honneur. Ne savez-vous pas que les religieux eussent rougi que leur nom fût même gravé sur les dalles glacées de leurs propres sanctuaires !

Quelques courtes observations ont permis à M. Gustave Le Vavasseur de compléter un travail de longue haleine, de M. Marchegay sur les chartes normandes de l'abbaye angevine de Saint-Florent, relatives au prieuré de Briouze. Il ne s'agit là que d'additions à une œuvre d'une importance réelle. M. Le Vavasseur s'est trop effacé devant la parole autoritaire de l'un de nos archéologues les plus écoutés. Nous le reverrons bientôt à l'œuvre, espérons-le. Il nous permettra alors de pouvoir mieux apprécier son talent parfaitement reconnu et qui se plie si merveilleusement à tous les genres de compositions.

Enfin deux excellents articles de bibliographie commencent une série de notices, une revue de nos publications nouvelles, qui auront pour nous un vif attrait. Cette fois, la parole est à MM. Lecointre et Duval qui, dans peu de mots, et dans un exposé rapide et brillant, ont parfaitement su apprécier les compositions les plus récentes relatives au département.

Avec de tels travaux, les mémoires de la Société de l'Orne renferment tous les éléments du succès et de la durée. Elle doit vivre et elle existera longtemps : il ne s'agit pour elle que d'en avoir la volonté. Plusieurs de nos académies de la Normandie sont anciennes. Elles ont près de deux siècles d'existence et remontent à Louis XIV et à Louis XV ; mais elles n'ont jamais eu pour leurs débuts un volume plus digne d'attention et qui mérite plus de sincères éloges.

Hippolyte SAUVAGE.

Alençon -E. Renaut-De Broise, imp.

www.ingramcontent.com/pod-product-compliance
Lightning Source LLC
LaVergne TN
LVHW010216230826
846091LV00008BB/3541